青少年心理深呼吸丛书

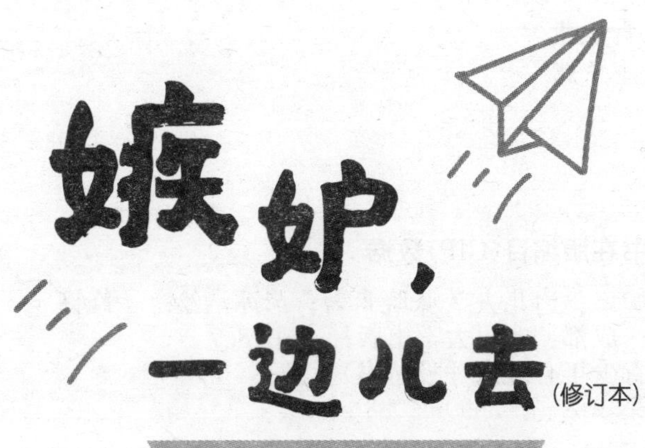

嫉妒，一边儿去（修订本）

JIDU YIBIANER QU

张晓舟 著

彭冰洁 绘

四川大学出版社

责任编辑:王　玮
责任校对:罗　丹
封面绘画:大卫·凯力力
封面设计:青于蓝
责任印制:王　炜

图书在版编目(CIP)数据

嫉妒，一边儿去 / 张晓舟著；彭冰洁绘．—修订本．—成都：四川大学出版社，2018.7
(青少年心理深呼吸丛书)
ISBN 978-7-5690-2033-5

Ⅰ.①嫉…　Ⅱ.①张…　②彭…　Ⅲ.①嫉妒-社会心理学-青少年读物　Ⅳ.①C912.69-49

中国版本图书馆 CIP 数据核字（2018）第 173205 号

书名　嫉妒，一边儿去（修订本）

著　　者　张晓舟
绘　　画　彭冰洁
出　　版　四川大学出版社
地　　址　成都市一环路南一段 24 号 (610065)
发　　行　四川大学出版社
书　　号　ISBN 978-7-5690-2033-5
印　　刷　郫县犀浦印刷厂
成品尺寸　145 mm×210 mm
印　　张　4.125
字　　数　111 千字
版　　次　2018 年 10 月第 2 版
印　　次　2018 年 10 月第 1 次印刷
定　　价　19.80 元

◆读者邮购本书,请与本社发行科联系。
电话:(028)85408408/(028)85401670/
(028)85408023　邮政编码:610065
◆本社图书如有印装质量问题,请寄回出版社调换。
◆网址:http://press.scu.edu.cn

写在前面的话

青少年时期是人生成长的关键时期。青少年面临巨大的学习压力，不仅需要全面学习知识、提升认识、增强能力、丰富经验，而且需要突破自我，在自我否定中发展自我；有时还不得不面对父母、老师规划的路线与自我需求之间的矛盾冲突。心理学家据此把青少年成长期称为挣扎期。这一时期青少年出现较多心理困扰和心理问题是难免的。但这些心理困扰和心理问题多为情境性和一时性的，是其成长过程中知识、经验、能力、精力不足和外部环境压力太大所致，这些心理困扰可以通过辅导和自学有关知识得以解决。学习自我解决心理困扰，也是青少年成长的一个重要方面。

现在越来越多的心理学自助读物和心理辅导读物面世，这对处于挣扎期的广大青少年是一个福音。但是现在青少年学习压力大、时间少，亟须更简略、更生动形象地讲解心理学基本知识的读物。我们希望这套《青少年心理深呼吸丛书》可让大家轻松愉快地了解心理学的实用知识。

从心理学角度看，做深呼吸可以帮助我们遇事冷静下来，从而更客观地评估情境，更好地选择处理问题的方式。从时间上来说，做深呼吸为我们的瞬时反应争取了时间，我们可以更从容地组织自己的资源。我们希望这套漫画丛书让青少年朋友面对问题时做做心理“深呼吸”，从容应对。

在书中我们比较强调通过调动自我内心资源来解决心理困惑和成长中的烦恼，希望大家多问问自己“我到底要什么”来审视自己内心的真正需要，强调通过改变价值追求、思维模式、生活态度，尝试新的应对模式来消除自己的心理困惑。

我们希望青少年朋友用书中介绍的方法来改变自己的心态，学会在更广阔的背景中，更长远的发展阶段中来认识自己，看待身边的事情，思考社会和生活，提升自己的心理素质。

《青少年心理深呼吸丛书》面世以来，多次重印，深受广大读者喜爱。我们借这次再版机会，对第一版的内容进行了少量修订；同时，将《解释，改变生活》书名更改为《谬见，一边儿去》，使本丛书在形式上更趋一致。希望再版后的《青少年心理深呼吸丛书》能给读者带来新的启迪和帮助！

本丛书再版封面得到了美国电气工程博士大卫·凯力力（Dr. Davood Khalili）的倾力相助。他曾著有绘本《波波力谈生活与科学》（*A Bird Named Boboli: Life and Science*），他的作品想象奇特，充满趣味。在此，我们向凯力力博士表示衷心的感谢！

张晓舟

2018年6月

目录

1 嫉妒及其原因

什么是嫉妒

阿美的成绩比我好。

身高比我高。

连家世也很了不起。

为啥我就不能像她那样呢？这种酸酸的感觉又是怎么回事呢？

别担心！那只是嫉妒而已哟，少女！
哇，这是啥呀？
不要突然蹦出来吓人啊！

这样……
没关系，接下来我会为你说明什么是嫉妒的！（叫我有求必应好啦！）
所谓“嫉妒”，就是对他人胜过自己的一种嫉恨心理！“羡慕、嫉妒、恨”比较生动地描述了个人对他人获得了自己希望获得而没能获得的成绩的不平衡心理反应，因此嫉妒也是一种羡慕和怨恨交织在一起的心理现象。
那么接下来，我们就具体了解一下什么是嫉妒好啦！
姑且记一记。

嫉妒的特点

嫉妒容易发生在熟人之间

嫉妒容易发生在自己生活的圈子之内或熟悉的人群之中，对自己不熟悉的人群，嫉妒发生的可能性小一些。

嫉妒一般产生于比较之后

嫉妒一般发生在把自己的情形和他人的情形进行比较之后，越是爱比较的人，越容易产生嫉妒。

遗憾的是，我们自觉不自觉地都会不断地把自己和他人进行比较。

有心理学家认为，嫉妒是人与人在比较中，对自己在才能、名誉、地位或境遇等方面不如别人而产生的一种由羞愧、愤怒、怨恨等组成的复杂情绪。

平稳发展的人不易被嫉妒

对平稳发展的人，我们一般不会嫉妒，但是对情况突然变好的人，打破了“生态平衡”，也打破了我们的心理平衡，我们容易产生嫉妒。

类似的人容易发生嫉妒

人们的情况越相似，相同点越多，越容易对对方的进步产生嫉妒。

嫉妒的原因

人为什么会嫉妒？

嫉妒的社会原因

竞争。竞争是人们为争取有限资源等而产生的生存竞赛。当有人处于优势地位时，就可能会妨碍其他人对资源的取得。所以人们容易对竞争中处于优势地位的人产生嫉妒心理。

我在一家普通公司上班，工资是一个月2000元。

虽然比不得大公司，但是我满足了。

听说了吗，隔壁的XXX在OO单位工作，每个月9000元呢。

啊，虽然我知道这样不好，听到身边这么具体的例子，果然还是嫉妒了。

只要处在社会的竞争之中，又抱有目标，早晚都会出现嫉妒心理的！所以，嫉妒是一种很普遍的现象。

利益。嫉妒的根本原因在于我们认为他人的发展损害了自己的某种利益。利益包括地位、权力、名誉和其他我们喜欢与追求的东西。利益相关、亲情维系等彼此关心的人们之间引起嫉妒的事情就少些。

付出与回报的比例。

大家一般认为付出得多的人应该得到的多，付出得少的人应该得到的少。但当我们发现或认为人们的付出与回报不对等时，或者自己付出同样的努力得不到同样的社会认可时，对他人多于自己的获得，心理上不平衡，容易产生嫉妒。

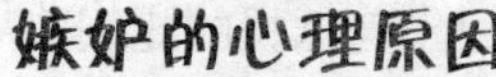

嫉妒的心理原因

公平感。当我们认为社会存在不公平现象，使自己和他人在竞争、分配、资源占有等方面处于不平等地位时，我们容易怨恨和嫉妒。

十岁得到奥数金奖的天才小学生

获得少年足球赛冠军的初中生

家财万贯的富二代

普通人

啊，啊，生活真是太不公平啦……

自尊心。有心理学家认为：嫉妒与付出和获得、能力和成就、利益和竞争以及公平感受等都有关系，但是更深心理层次的原因是自尊心受到了伤害。

个性。个性好强的人，习惯争强好胜的人，最容易对他人的胜出感到难受，因而会产生强烈的嫉妒心。

心胸。心胸狭隘的人容易嫉妒，心胸宽广的人不容易嫉妒。(比如真正淡泊名利的人，其嫉妒心就少。)

你曾经嫉妒过他人吗？
当时嫉妒的原因是什么？

2 容易嫉妒的人

嫉妒是社会中最普遍的现象之一

有人认为嫉妒是社会竞争条件下最普遍的一种心理现象。嫉妒到底是否人人都有，很难说清楚，但是嫉妒确实是一种极其普遍的现象。

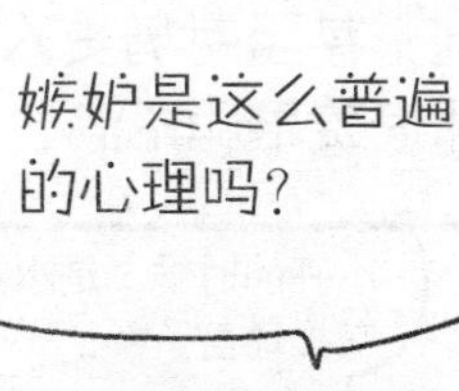

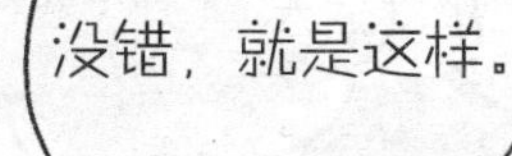

不嫉妒竞争者的成就，是很多人无法做到的哟！测量自己嫉妒心强不强的有效标志，就是看自己能在多大程度上为别人的成就真心高兴。

嫉妒心强的人除了对他自己不嫉妒，对其他所有的人（不论年龄、种族和性别，甚至对历史人物等毫不相干的所有他人）的成就都很羡慕和不满。

提问：什么样的人容易嫉妒

幼稚的人

不是哈，有人一辈子都长不大哦！

长大之后，就不会为这种小事嫉妒别人了？

不自信的人

因为不自信，他特别在乎别人对自己的评价，更是常常拿别人做比较，对周围的动静特别敏感。

自尊心太强的人

虚荣心强的人

特别在乎一些表面的与面子有关的事情。

小故事

~法拉第和他的老师戴维~

法拉第是英国著名的物理学家，他提出了电磁感应学说，并且发明了世界上第一台电动机。

但是，他的学说最初发表时，遭到了人们的非议，人们指责他窃取了另一位科学家沃拉斯顿的研究成果。

然而，法拉第和沃拉斯顿的实验在研究角度、理论和其他细节上都是不相同的。沃拉斯顿的实验失败了，而他本人也认为法拉第并没有窃取自己的成果。

当时，这件事的知情人还有法拉第的老师，英国皇家学会的会长戴维。法拉第希望老师能为自己主持公道，但是戴维在这时却保持了沉默。

原来，散布“剽窃”谣言的人正是戴维。戴维得知法拉第在他失败的领域取得了成功，虚荣心受到了严重挫伤。他看到，学生超过了老师，区区小实验员超过了堂堂大科学家，因而心生嫉妒。

戴维的嫉妒心理使得法拉第在电磁学的研究上遭受到不应有的挫折和障碍。他还曾经以会长身份阻止法拉第加入英国皇家学会。由于这些障碍，法拉第一度放弃了电学实验，转而研究其他领域。

1831 年，在戴维去世两年之后，法拉第才得以继续当年的电磁实验，提出了具有划时代意义的电磁感应学说。可以想象，如果不是戴维的嫉妒，电磁感应学说的诞生也许会提前很多年。

以自我为中心的人

以自我为中心的人容易嫉妒。语言表达中总是说“我……”“我……”的人，一般也是嫉妒心强的人。

自大的人

自大的人，自认高人一等，或者想高人一等，所以就容不下比他强的人。看到周围的人有超过自己之处，要么设法去贬低对方，要么设置陷阱去坑害对方。

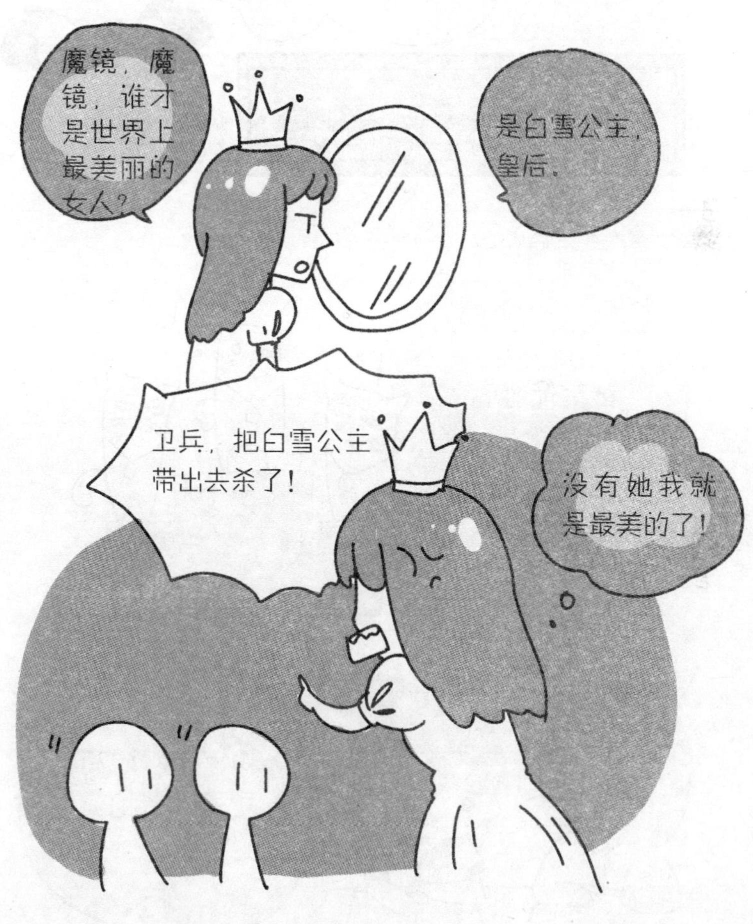

总结一下
嫉妒的发生有两个基本条件：
针对优胜者
……
1
2
3
和嫉妒对象有
共同或者相似
的背景。

我们更容易嫉妒和自己背景相同，而处于优先地位的人。相同点越多，越容易嫉妒。相同点少，嫉妒发生的可能性相对减少。

生活中常见的嫉妒表现

日常生活中或明或暗地表现出来的嫉妒

日本心理学家诧摩武俊认为，我们会在不知不觉中遭到他人的嫉妒，也可能在不知不觉中嫉妒他人。

嫉妒，可以是很明显的。

也可以是隐藏着的。

“酸葡萄心理”，就是一种典型的嫉妒表现。

~螃蟹心理~

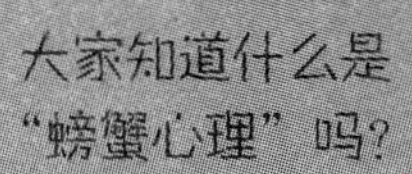

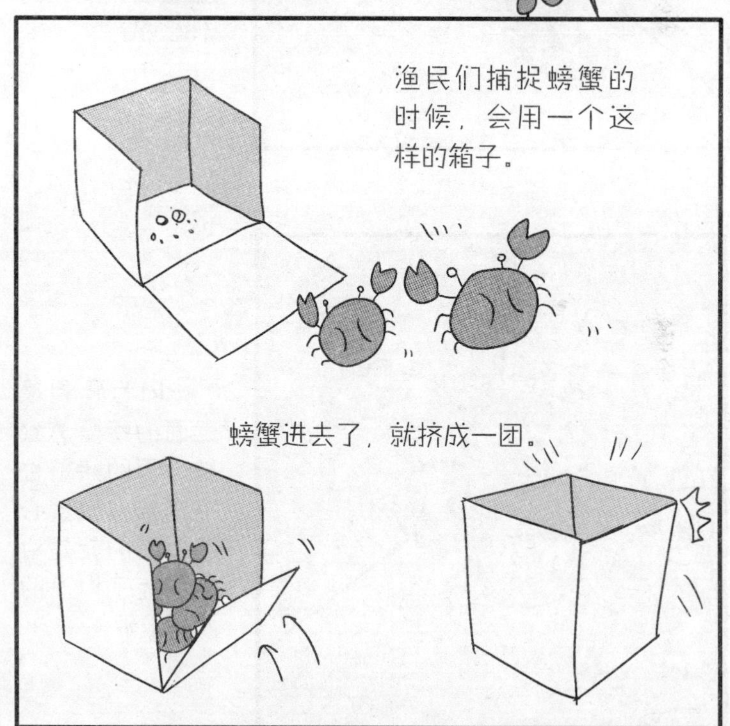

箱子上方是没有盖子的，但是渔民并不担心螃蟹会逃走。为什么呢？

因为爬到最上面的螃蟹总会被下面的螃蟹拉下来！“螃蟹心理”指的就是对境况优于自己的人的嫉妒。

快把球传给我呀！
不然要出界啦！
与其让你出风头，还不如踢出界呢！
人一嫉妒起来，就变得和螃蟹一样。
想着“比不上别人也不能让他好过”，结果自己也没有进步呢。

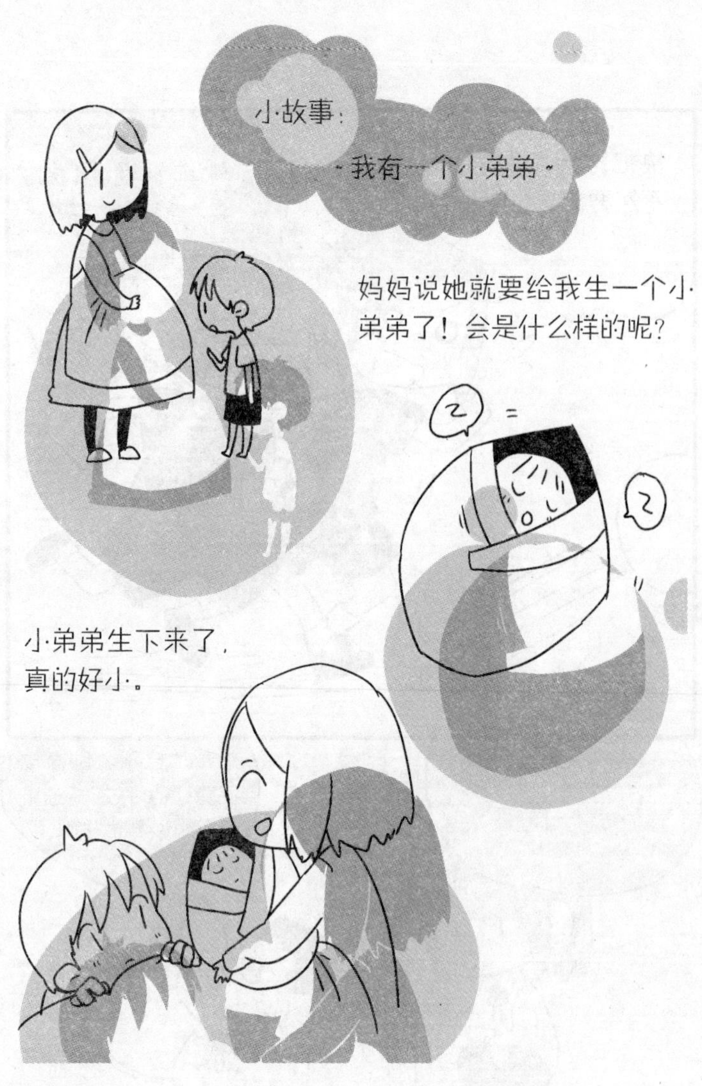

妈妈说：“你要爱护小弟弟哟！”

可是我不知道为什么，觉得有些东西在悄悄地变得不一样……

“妈妈，和我一起玩小汽车吧！”
“哎呀，妈妈要给弟弟喂奶，等等吧！”

“妈妈，给我讲个睡前故事！”
“妈妈要哄弟弟睡觉，你先睡好吗？”

“宝宝，弟弟生病了，妈妈带他去医院，你就留在家里好吗？”

有了弟弟，妈妈都不爱我了。都是弟弟的错！
最近老大总是弄坏老二的东西，是怎么回事呢？
普通的嫉妒而已哟。
弟弟好讨厌哦！

当小·朋友们认为自己没有得到应得的关注和爱心时，就会产生嫉妒心，这也是一种普遍的情绪。父母发现孩子不对劲的时候，一定要好好交流哟！
宝宝，和妈妈多说说话吧，妈妈也需要你呀！
那，那好吧……

嫉妒表现的形式和程度也有所不同

接下来，一起看看嫉妒在生活中的某些具体表现吧。
大家千万不要变成这样的人哟！
妒火烧啊烧，
伤害了他人，
也“烧干”了自己。
妒火

在同学的新衣服上泼了墨水。

故意提供错误的答案给同学。

否定他人的成就。

对自己觉得好的资源保密。

故意贬低他人的努力。

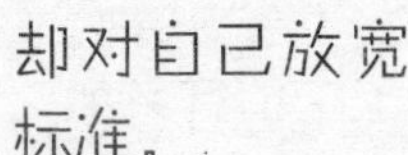

却对自己放宽标准。

哈哈，他人的成绩都是运气，自己的成绩都是努力。他人的失败都是努力不够，自己的失败都是运气不好！

星座小测试之嫉妒篇

“如果十二星座的女孩看到比自己漂亮的女生……”

白羊座

会觉得漂亮的女生都一无是处。

金牛座

不加以评论，只顾自己好就行，其他一律不管不问。

双子座

把对方全身上下的行头加以讨论，漂亮的女孩子也是茶余饭后的话题。

狮子座

对狮子座女孩来说，爸爸妈妈永远是与之竞争的对手。

巨蟹座

认为别人漂不漂亮，并不会影响到自己。

处女座

待人认真，会非常认真地说出自己的意见。

天蝎座

你也不知道她到底会不会介意！真是琢磨不透……

射手座

完全看她的心情好坏。如果心情好的话，会真诚地称赞别人的。

水瓶座

没有什么特别的感觉，人家的思想是众生皆平等。

摩羯座

不管女生美丽与否，摩羯座都会保持中立的看法。

天秤座

内心稍有不悦，但表面上会显出高兴的样子。

双鱼座

迷糊的双鱼座看见美女出现，可能会陷入不知是喜欢好还是讨厌好的两极心态。

其实，十二星座对嫉妒的态度只是一个小玩笑，别太认真哦！

如果你心生嫉妒，你会有哪些反应和表现？

3 嫉妒有什么用

适当的嫉妒，可以推动竞争

适当的嫉妒可以激发我们的竞胜心，促使我们去改变外部的社会条件，改变自我，去争取社会承认的进步。

有心理学家开玩笑说：有嫉妒，说明你是有进取心的人。

嫉妒有很强的破坏性

不过，嫉妒也是一种不良的情绪，它导致不服气、敌意、憎恨和破坏的冲动。因此，它又是一种攻击性强的情绪，具有较强的破坏力。

嫉妒导致人们对相应的幸运者抱持一种冷漠、贬低、排斥和敌视的态度

但是，无论你如何贬低他人的成绩，自己也不会因此变得更好。古语云：“食言而肥，其实更瘦。”嫉妒也一样。你对他人的贬低和破坏，不仅不会让你自己从中获益，反而让旁人更看不起你。

嫉妒即使不表现出来，哪怕深藏心中，它也会使我们最阴暗的心理不断发酵。莎士比亚说：“您要留心嫉妒啊，那是一个绿眼的妖魔！”

没有什么能比嫉妒带来更持久的烦恼

伊本·泰米叶说：心怀嫉妒者永无安宁，心中烦躁，坐立不安，苦恼不止。

小故事

爱嫉妒的人和他的邻居

每一天，她都盼望着自己的邻居倒霉，希望邻居的日子不好过。

可是，邻居依旧过得好好的。

一想到这些，她心里对邻居的恨意就加深一分。
甚至开始考虑怎么才能伤害对方……

可是，万一真的伤到对方，自己可承担不了责任啊！

经常处于嫉妒状态的人，其实是在煎熬自己的内心。嫉妒消耗我们的精力，让我们的心思耗费在痛苦、难受、憎恨和敌意的情绪漩涡中，无法集中精力做正事。

这个故事的主人公就是出于嫉妒，把自己置于心灵的地狱中折磨自己。但折磨来折磨去，自己却一无所得。

发生在朋友与同事之间的嫉妒破坏人际关系

嫉妒破坏友谊和情感。

猫和狗曾经是好朋友。

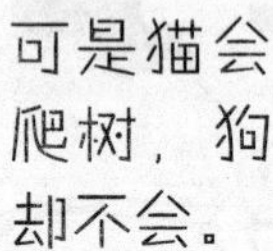

可是猫会爬树，狗却不会。

狗会游泳，
猫却不会。

它们嫉妒对
方有而自己
没有的才能，
双方变成了
敌人。

嫉妒消耗我们的精力

让我们的心思耗费在痛苦、难受、憎恨和敌意的情绪漩涡中，无法集中精力做正事。

嫉妒妨碍我们虚心学习和运用成功者的经验

嫉妒会导致自我意志的磨灭

他们每个月都争得这
么凶，真羡慕你这样
不在乎成绩的人。

哪里，反正优秀的人多
了去了，有我没我都一
样，让他们争去吧，
我才不稀罕呢！
怎么听
都不舒
服。

日本心理学家诧摩武俊认为，安贫乐道，不与他人争利益也许是真的淡泊名利，但有时也是嫉妒造成的自我意志磨灭的一种消极表现。

中医学认为情绪因素是致病的重要因素之一。比如，怒伤肝，忧伤脾，思伤肺，恐伤肾……

嫉妒作为一种负面的情绪，控制不当会对身体造成伤害。

嫉妒导致自我身体伤害

10012. 10013. 10014
失眠、神经衰弱
情绪低落
你长痘了！
内分泌失调
血压升高

强烈的嫉妒甚至可以使我们走上违法犯罪的道路，伤害甚至杀害比自己成就高的人

培根说：“嫉妒这恶魔总是在暗地里悄悄去毁掉人间最美好的东西！”在中国古代，庞涓嫉妒孙膑，李斯嫉妒韩非子，潘仁美嫉妒杨令公等，都是以害人开始，以害己结束。

你认为嫉妒对你的成长有什么影响？

4 如何消除嫉妒

“斫去桂婆娑，
人道是、清光更多！”

剪掉不好的枝叶，
才能让植物长得
更好。

嫉妒虽然是普遍现象，却是一种小心眼，这种小心眼在低强度状态可以让我们心里好受一点，有时也可以刺激我们奋起直追。
强烈的嫉妒心从来都是心灵的毒药，会使个人心灵深处的卑鄙和恶毒发酵。

嫉妒是一种卑下的带有破坏性的情绪。我们如果嫉妒他人，会影响自己的心情和人格，分散精力，影响对自己专业的专注，妨碍我们的发展和进步。如果被人嫉妒，则容易使自己的发展处于不利的情境中。因此，无论是自己嫉妒他人，还是被他人嫉妒，都是我们需要适当改变的情况。

消除嫉妒的三个步骤

承认自己嫉妒的感觉

小张踢球比我好，我看不惯他。

?

其实你只是嫉妒他而已！心态放平和些。

我才没有嫉妒呢！是他自己不好！

……

承认吧！老这样闹脾气你还踢不踢球啦？

我们都知道嫉妒是一种卑下的情绪，所以我们常常会否认自己在嫉妒。

"人啊，认识你自己"。
（古希腊德尔斐神庙石碑碑刻）

这种否认导致的自我欺骗，既让我们无法认清自己的需要，也无法让我们改变嫉妒的态度。所以，要首先承认自己的嫉妒。

停止对嫉妒的非理性抵制

如果没有从理智上解决问题，越是想抵制嫉妒，越是会被嫉妒的情绪所纠缠。

相反，如果你坦然面对这种情绪，就等于停止给它提供能量，不让它“发酵”。

思考嫉妒背后隐藏的原因

一个人感到嫉妒，大多是和自己在生活中的某种“缺乏”有关。

而你需要反省的是：我真的缺乏这种东西吗？

适合自己的，才是最好的。

这种缺乏能用其他方面的发展来弥补吗？

面试的时候，发现自己的学历没有别人好看。

让自己不嫉妒的具体方法

眼界更长远

不要在乎眼前的得失，你还可以做更有意义的事情。

我总是和我的同学攀
比吃的穿的，别人用
的东西比我好我就嫉
妒，我该怎么做？
问自己一个问题吧！
“一年之后，你还会
在乎这些吗？”
一年之后，我不就
从学校毕业，走上
社会了吗？

“一年之后，我还会在乎这件事吗？”被不好的情绪困扰时，就问问自己这句话吧！

这就是美国理查德·卡尔森的“时间歪曲游戏”。这也许无法解决你现在的问题，但是却可以让你把眼光放得更长远一些。回想自己的过去，我们常常为自己以前在乎得不得了的事情感到好笑。

化嫉妒为动力

怎样才能不嫉妒比自己好的人？这太简单啦！
田径
让自己比别人好，当然就不会嫉妒别人了嘛！
只要超过他就可以了！
田径
这也是“化嫉妒为动力”的一种，真是非常好的心态呢……
原来如此！

保持正确的判断力

充分认识社会发展的不平衡性。

了解机会是大量存在的。

还要接受资源的有限性和机会分配的偶然性，命运对待人确实是有差别的，这就是社会的现实。

不要只在乎自己没有的，要利用好自己已经拥有的。

多看他人的付出，少计较他人的幸运

放宽心胸，学会包容

多和他人沟通，说出自己内心的挣扎

学会欣赏他人

一个人如果能学会赞赏他人，他就会有更多的愉悦，也会有更多的高尚。

我有一个姐姐，
她真的很厉害！
学习好，
体育和家世也好，
还有工作都出色得不得了……
有这样的姐姐，你会不会嫉妒呢？

姐姐是我重要的家人。

我真心希望她能够做得好。

怎么会嫉妒她呢？

怎么会有这种事呢！

哇！一瞬间有好耀眼的光芒！

这种真心待人的品质太可贵啦！

原来那些打心
底欣赏他人的
人，也是不会
嫉妒的啊！
我也变成那样的
人好了！
就是这样，
加油吧！

阿美对不起！以后我再也
不嫉妒你了，你做什么我
都会给你加油的——
突然这样好
吓人……

学会欣赏自己

记住，你就是你，地球上没有和你一样的人，你完全可以用自己独特的方法歌唱，绽放自己独特的美丽。

做自己最擅长的事情

哎呀！你那是什么分数？
……
你是超不过我的，所以快来羡慕、嫉妒、恨我吧！
体育课
今天大家来跑3000米。
等等我吧！
寸有所长，尺有所短。
这个孩子太有潜力啦，我想推荐他去省体校！
人不可能事事精通，只要做好自己最擅长的事就好啦！完全不用去羡慕别人哦！

投身自己喜欢的事业

培根认为，每一个埋头沉入自己事业的人，是没有工夫去嫉妒别人的。

体会自己所做的事情有独到的乐趣。

提升自己的境界

仰望星空，什么都是浮云啊！

停止自己与他人的比较

人们喜欢在自己和他人之间进行比较，这种比较是确定参考坐标，找出差距以便改进和增加前行的动力。但有时这种比较有意无意地沦为获取成就的比较，这就是嫉妒产生的原因。

张二牛的分数比我高。
100
王小花唱歌比我好。
歌唱大赛
李狗剩又在杂志上发表漫画啦！
我怎么觉得自己一无是处呢？
因为你光和别人比自己做不到的事！
比较的心态会让你去留意那些比你拥有更多的人。为了比较而比较，结果就是永远比上不足比下有余，永远都不可能“赢”。

要怎么样才能
克服这种比较
心理呢?
不要总是与他人比
较，把注意力放在
自己身上吧!

今天还是没有减到 90 斤……
今天比昨天轻了半斤!

练习自己与自己比较

审视自己的过去和现在，你能更好地认识自己的成长历程、优势和差距，更积极地评估自己的付出和所得。这将使你更加理智和成熟。当你不再与他人比较时，也就不会为计较得失而妒火中烧了。

要时常反省自己。

如何化解他人的嫉妒

等等各位，上一页
的不算……
好孩子千
万不要模
仿哟！
前面我们已经了
解到嫉妒这种情
绪很麻烦了吧！
人会嫉妒别人，也
会被人嫉妒。无缘
无故被嫉妒实在是
件很苦恼的事对
吗，张二牛同学？
对，对
啊……
至于人们为什么会被嫉妒，
请大家回去看第一章好了！
下面我们就讲
讲怎样不被人
嫉妒吧！
好期待！

主动沟通，赢得理解

你画得这么好，画画对你来说一定是很简单的事吧！
主动沟通之一：要让大家知道你的努力！
哇！真厉害！
谢谢夸奖。
我每个月要做这么多练习呢，只要努力大家都行的！

主动沟通之二：让人知道你的困惑和痛苦。总之，大家坦诚相待就好了！

饱经艰难才获得幸福的人不易被嫉妒，因为人们看到了这种幸福的来之不易。同情心是医治嫉妒的良药。

主动关心他人

根据社会回报规则，人和人一般都遵循对等原则进行交往。

只要真心对待别人，别人也会真心对你，所以那些会嫉妒的人也就不好意思说什么了。

只要愿意主动协调，关系总会改善的。

避免过分炫耀

就算有成就也不要炫耀！谦虚总是没错的。

与他人合作

都是班里的名人呀！
大家一起来露营吧！我们去搭帐篷。
搭好啦！
在集体活动中增加彼此的了解，拉近关系，就不会有因为单方面比较产生的嫉妒啦。
原来大家都很厉害呀！

与人分享成功的喜悦

王小胖同学是这次吃拉面大赛的冠军！奖励是本店一年的拉面免费券。
这些奖品都分给大家！一起来吃拉面吧！
胖哥真威武！

适度的示弱和求助

最后的问题

如果我做到前面那些，还是没法消除他人的嫉妒该怎么办?
别担心，这不是你的错。

我们知道嫉妒这种情绪很普遍，也并不是所有人的嫉妒都能通过你的努力来消除的呀！
……
羡慕
嫉妒
恨

如果你无法消除他人的嫉妒，那就只需要像下面这样……
忽略不计。
你们知道吗，那个谁谁人品有问题……
咦，他怎么不理我？
放宽心胸。
先生，自从你赢得比赛资格后，出现了很多流言……
这些都没什么，准备比赛才是最重要的。

完善你自己。

他人之所以嫉妒你，也许你确实有需要完善的地方。那就把他人的嫉妒变成你成长的动力吧！

所以，这个时候
“走自己的路，让别人嫉妒去吧”！

你会采取哪些措施把嫉妒控制在合理范围呢？

参考文献

艾里斯，2007．别跟情绪过不去［M］．广梅芳，译．成都：四川大学出版社．

伯恩斯，2011．新情绪疗法［M］．李亚萍，译．北京：中国城市出版社．

诧摩武俊，1987．嫉妒心理学［M］．胡一夫，译．长沙：湖南人民出版社．

格里格，津巴多，2005．心理学与生活［M］．王垒，王甦，译．北京：人民邮电出版社．

里维斯，2007．40法建立孩子正确价值观［M］．橄榄编译小组，译．成都：四川大学出版社．

皮内丝，1998．情人间的嫉妒［M］．左蕾，译．呼和浩特：远方出版社．